Bíblia Infantil

Dados Internacionais de Catalogação na Publicação (CIP) de acordo com ISBD

C578b Ciranda Cultural.

Bíblia Infantil / Ciranda Cultural; ilustrado por: Simona Sanfilippo. - Jandira, SP : Ciranda Cultural, 2022.
128p. ; 13,50cm x 20,00cm. (Bíblia para crianças.)

ISBN: 978-85-380-9892-8

1. Bíblia infantil. 2. Religião. 3. Histórias bíblicas. 4. Bíblia. 5. Aprendizado. I. Sanfilippo, Simona. II. Título. III. Série.

2022-0518

CDD 220.8
CDU 22/82-93

Elaborado por Lucio Feitosa - CRB-8/8803

Índice para catálogo sistemático:
1. Bíblia infantil 220.8
2. Bíblia infantil 22/82-93

Produção: Ciranda Cultural
Ilustrações: Simona Sanfilippo

1ª Edição em 2022
5ª Impressão em 2025
www.cirandacultural.com.br

Bíblia Infantil

Ciranda Cultural

Sumário

Antigo Testamento

Novo Testamento

Antigo Testamento

A Criação do mundo

No princípio, Deus criou os céus e a terra. Tudo estava escuro e a terra era coberta por águas profundas. Então, Deus disse:

– Haja luz!

Os raios de luz começaram a iluminar suavemente a Terra. Deus viu que isso era bom e separou a luz da escuridão. Ele chamou a luz de "dia" e a escuridão de "noite".

No segundo dia, Deus separou as águas do firmamento, que Ele chamou de "céu". No terceiro, o Senhor ordenou que as águas, as quais chamou de "mares", ficassem juntas em um só lugar e que aparecesse uma porção seca, que chamou de "terra". Em seguida, Ele criou plantas e árvores carregadas de flores e frutos. No quarto dia, o Senhor criou o Sol para esquentar e iluminar a Terra. Também criou as estrelas e a Lua para iluminarem a escuridão que cobria a Terra.

(Gênesis 1:1-18)

No quinto dia, Deus disse:

– Que se encham os oceanos com toda espécie de peixes e o céu com toda espécie de aves.

No sexto dia, Ele criou desde o maior animal até o menor inseto, e enviou-os para viver pelos quatro cantos da Terra. Por fim, nesse mesmo dia, Deus criou o homem à sua imagem e semelhança, e também a mulher.

Deus contemplou todas as coisas que havia criado. Ele sabia que todas elas eram muito boas. Então, no sétimo dia, depois de terminada a sua obra, Deus descansou.

(Gênesis 1:19-31; 2:1-3)

Adão e Eva

Deus plantou na terra um lindo jardim com belas árvores frutíferas, e o chamou de Éden. Deus pôs Adão no jardim e disse-lhe:

– Tudo que há nesse jardim é seu. Desfrute dele e seja feliz. Somente uma coisa é proibida: comer do fruto da árvore da ciência do bem e do mal que cresce aqui. Se você fizer isso, morrerá.

E Deus disse:

– Não é bom que o homem fique sozinho. Vou dar a ele uma auxiliar que lhe seja adequada.

Assim, enquanto Adão dormia, Deus pegou uma de suas costelas e dela criou a primeira mulher, Eva. Adão e Eva estavam nus, mas não sentiam vergonha, pois assim Deus os havia criado.

(Gênesis 2:4-25)

De todos os animais que viviam no jardim do Éden, a serpente era a mais astuta. Ela sussurrou a Eva:

– Não gostaria de conhecer o segredo deste fruto? Ele lhes dará o conhecimento do bem e do mal que somente Deus possui. Ele não quer que vocês o comam pois assim serão tão poderosos quanto Ele.

Eva sabia que Deus os havia proibido de comer o fruto. Mas ela pensou na sabedoria que eles poderiam possuir e caiu em tentação. Então, ela pegou um dos frutos daquela árvore, comeu e deu a Adão, que também mordeu o fruto proibido.

(Gênesis 3:1-6)

Assim que comeram o fruto, imediatamente seus olhos se abriram. Adão e Eva perceberam que estavam nus e pela primeira vez sentiram vergonha. Fizeram roupas de folhas para cobrir seu corpo. Quando Deus os viu, irritou-se e perguntou:

– Quem lhes disse que estavam nus?

– Eva me deu o fruto e eu comi! – disse Adão.

Eva se defendeu:

– A serpente me enganou!

O senhor amaldiçoou a serpente e voltou-se a Adão e Eva com voz terrível, dizendo:

– A partir de agora suas vidas estarão cheias de sofrimento. Desobedeceram-me e, por isso, o jardim do Éden está proibido para vocês.

Deus expulsou Adão e Eva do paraíso e colocou um anjo com uma espada reluzente na entrada para não deixá-los passar, caso voltassem.

(Gênesis: 3:7-24)

Caim e Abel

Depois de sair do jardim do Éden, Adão e Eva tiveram dois filhos: Caim e Abel. Caim, o mais velho, cultivava a terra e colhia seus frutos para se alimentar, enquanto Abel criava ovelhas. Um dia, Caim ficou com inveja de seu irmão, pois acreditava que Deus gostava mais de Abel. Então, a inveja de Caim cresceu tanto que ele atacou e matou o irmão. Quando Deus lhe perguntou onde estava Abel, Caim respondeu:

– Não sei, não sou guardião de meu irmão!

Mas Deus sabia o que Caim havia feito e estava muito irritado com ele. Mesmo assim, Deus não quis que Caim morresse, então colocou sobre ele uma marca especial para protegê-lo.

(Gênesis 4:1-15)

A arca de Noé

Com o tempo, Deus via com tristeza que os homens estavam ficando cada vez mais malvados. Mas Noé e sua família ainda seguiam a Deus. Então Deus falou com Noé:

– Vou destruir todo ser vivo que criei, porque a Terra está cheia de violência.

Deus explicou a Noé que ia mandar um dilúvio que cobriria toda a terra, mas Noé e sua família seriam salvos das águas.

– Vocês devem construir uma arca e colocar dentro dela um casal de cada animal, e devem entrar nela também. Quando o dilúvio cair sobre a terra, somente quem estiver dentro da arca sobreviverá.

Noé e sua família começaram a construir a arca, como Deus havia ordenado.

(Gênesis 6:5-22; 7:1-9)

Quando todos haviam entrado na arca, Deus fechou a porta. Então começou a chover, e os mares e os rios se encheram, levantando a arca sobre as águas.

O dilúvio durou quarenta dias e quarenta noites, e a Terra ficou totalmente coberta pelas águas. Como Deus havia decidido, apenas Noé, sua família e os animais da arca sobreviveram. Quando parou de chover, as águas foram baixando pouco a pouco. A arca parou sobre uma montanha e Noé soltou um corvo para procurar terra seca. Depois, Noé soltou uma pomba, mas ela não encontrou terra seca e voltou para a arca.

(Gênesis 7:10-24; 8:1-9)

Alguns dias depois, Noé soltou de novo a pomba e, desta vez, ela regressou trazendo em seu bico um ramo de oliveira.

Ele esperou mais sete dias e soltou de novo a pomba. Ela não voltou, e Noé compreendeu que a ave tinha encontrado um local seco para descansar. Quando as águas baixaram totalmente, Noé abriu a porta da arca, e ele, sua família e todos os animais puderam sair.

– Nunca mais destruirei a Terra com um dilúvio – Deus prometeu. – Cada vez que nuvens de chuva aparecerem sobre a terra, colocarei um arco-íris no céu. Ele será o sinal para lembrar a todas as criaturas sobre a minha promessa.

(Gênesis 8:10-19; 9:8-17)

Abraão

Abrão era descendente de Sem, o filho mais velho de Noé, e vivia com sua esposa Sarai em uma aldeia perto de Babel. Um dia, Deus falou com ele:

– Abrão, você deve sair da sua casa e começar uma longa viagem. Junte todas as provisões que puder e leve sua mulher e criados junto. Vou abençoá-los e levá-los à terra que escolhi para você.

Abrão obedeceu e conduziu sua família através da Mesopotâmia e Egito, até chegarem à terra de Canaã.

(Gênesis 12:1-5)

Em Canaã, Deus falou com Abrão:

– Se você me obedecer, será pai de muitas nações. A partir de agora, seu nome será Abraão, e o de sua mulher, Sara. Eu abençoarei vocês, e terão um filho.

– Como isso é possível, Senhor? – perguntou Abraão, surpreso. – Somos muito velhos para ter filhos!

– Sara dará à luz um filho, e ele receberá o nome de Isaque.

Assim, Abraão e Sara tiveram um filho, como Deus havia prometido.

Algum tempo depois, Deus resolveu testar Abraão e disse-lhe que devia matar seu filho e oferecê-lo em sacrifício. Abraão amava Isaque, mas obedeceu a Deus. Quando Abraão estava prestes a sacrificar o menino, Deus lhe chamou e disse:

– Pare! Vejo que me ama e que está disposto a me obedecer. Você será abençoado e terá muitos descendentes.

(Gênesis 17:1-19; 21:1-3; 22:1-18)

José e seus irmãos

José era o filho preferido de Jacó e, certa vez, ganhou uma linda túnica colorida de presente de seu pai. Ele tinha onze irmãos, que sentiam muita inveja dele.

Um dia, Jacó pediu a José que fosse até o campo ver como estavam os irmãos. Quando ele chegou lá, os irmãos invejosos decidiram matá-lo. Porém, o irmão mais velho, Rúben, convenceu os demais a não fazerem isso. Então, eles tiraram a túnica colorida de José.

Nesse momento, passaram uns mercadores que iam ao Egito. Os irmãos resolveram vender José aos mercadores. Os homens concordaram e levaram José com eles. Os irmãos malvados sujaram a túnica de José com sangue de um cordeiro e levaram-na a seu pai, dizendo que José estava morto. Ele ficou muito triste.

(Gênesis 37:2-34)

No Egito, José virou escravo e foi preso. Mas Deus havia dado a ele o dom de interpretar sonhos. Por isso, o faraó o chamou para interpretar um terrível pesadelo que havia tido.

– Sonhei com sete vacas gordas que pastavam na beira do Nilo. Então sete vacas magras as atacaram e as comeram – contou o faraó.

José explicou o que o sonho significava:

— As vacas gordas significam que, durante os próximos sete anos, as colheitas serão boas e haverá abundância de alimento. Mas, nos sete anos seguintes, as colheitas serão pobres e o povo passará fome. É um aviso para que guardem todo o alimento que puderem para os anos de seca.

O faraó ficou muito agradecido e, como recompensa, nomeou José governador do Egito.

(Gênesis 41:15-40)

Moisés

Os descendentes de Jacó chamavam-se israelitas. Muitos deles viviam no Egito e estavam se tornando bastante poderosos.

O faraó não gostava disso, então ordenou a morte de todos os meninos israelitas que nascessem.

Quando Moisés nasceu, sua mãe quis protegê-lo, então ela o colocou em uma cesta e o deixou à beira do rio. A irmã de Moisés ficou vigiando de longe para ver o que iria acontecer.

A filha do faraó foi tomar banho no rio e encontrou a cesta. Ela ficou com pena do menino e resolveu adotá-lo.

(Êxodo 1:7-22; 2:1-10)

Moisés cresceu e percebeu que os israelitas eram tratados com crueldade. Um dia, ele viu um soldado batendo em um israelita. Moisés ficou com raiva e atacou o soldado, que acabou morrendo.

Por causa disso, Moisés teve que fugir do Egito. Ele se refugiou na terra de Midiã, onde se tornou pastor de ovelhas. Um dia, ele estava no campo com seu rebanho quando uma moita começou a pegar fogo. As chamas ardiam com força, mas, para sua surpresa, as folhas e os ramos permaneciam verdes e frescos. Então, uma voz vinda do arbusto falou a Moisés:

– Moisés, escute, porque é seu Deus quem fala. O meu povo está sofrendo por causa do faraó. Você deve conduzir os israelitas para fora do Egito.

Moisés ficou assustado.

– Mas, Senhor, ninguém escutará um pobre pastor.

– Tem fé? – contestou Deus. – Então vá falar com o faraó.

Como Deus ordenou, Moisés voltou ao Egito e pediu ao faraó que deixasse os israelitas irem embora para adorar a Deus no deserto. Mas o faraó negou o pedido de Moisés.

(Êxodo 2:11-15; 3:1-12; 5:1-5)

Deus enviou uma série de pragas para castigar o faraó. Primeiro, as águas do rio viraram sangue. Em seguida, a terra ficou infestada de rãs. Na terceira praga, o pó da terra se transformou em piolhos. Depois, todas as casas foram tomadas por moscas. Em seguida, todos os animais que pertenciam ao povo egípcio morreram, e os egípcios sofreram com feridas dolorosas. Na sétima praga, uma terrível chuva de pedras destruiu as plantações, e em seguida os vegetais que sobreviveram foram devorados por enormes enxames de gafanhotos, que invadiram o Egito. Deus também deixou toda a Terra em trevas, mas o faraó continuou irredutível. Finalmente, Deus mandou a mais terrível das pragas: todos os primogênitos dos egípcios morreram, inclusive o filho do faraó. Por fim, o faraó concordou em deixar Moisés e os israelitas saírem do Egito.

(Êxodo 7-12)

Assim que os israelitas partiram, o faraó se arrependeu de sua decisão. Então, enviou um grande exército para trazê-los de volta ao Egito. Quando os israelitas viram que o exército os seguia pelo deserto, assustaram-se.

– Não devíamos ter fugido! – as pessoas reclamaram a Moisés. – Seria melhor continuarmos escravos no Egito do que morrermos no deserto!

– Vocês devem ter fé! – respondeu Moisés. – O Senhor nos ajudará.

Quando eles chegaram ao Mar Vermelho, Moisés, guiado por Deus, estendeu seu cajado sobre o mar. Imediatamente, o mar abriu-se em dois, deixando um grande caminho seco entre as ondas.

– Graças ao Senhor! – exclamou Moisés. – Ele nos salvou!

Moisés conduziu os israelitas através do mar, e os soldados do faraó os seguiram. Quando os israelitas chegaram ao outro lado, as grandes paredes de água caíram sobre os soldados.

(Êxodo 14:5-31)

Quando os israelitas chegaram ao Monte Sinai, Deus chamou Moisés ao alto do monte e falou com ele:

– Moisés, estes são meus mandamentos, que meu povo deve obedecer. Não tenha outro Deus diante de mim. Não construa ídolos nem os adore. Não tome meu nome em vão. O sétimo dia da semana será santo, não trabalhe nesse dia. Respeite seus pais. Não mate. Não cometa adultério. Não roube. Não diga falso testemunho contra seu próximo. Não deseje o que é do seu próximo.

Moisés ficou muitos dias no alto do monte, até que Deus lhe disse para descer, pois os israelitas estavam adorando um bezerro de ouro. Ele desceu levando os Dez Mandamentos gravados em duas tábuas de pedra e encontrou os israelitas. Moisés ficou furioso e destruiu a estátua.

(Êxodo 19:20-21; 20:1-17; 32:1-20)

As muralhas de Jericó

As tábuas dos Dez Mandamentos foram guardadas em um lindo cofre de ouro, chamado Arca da Aliança.

Os israelitas seguiram viagem durante muitos anos. Um dia, Moisés chamou Josué.

– Estou ficando velho – disse Moisés. – Logo estarei com Deus. Seja forte, Josué, porque você levará nosso povo à terra prometida.

Depois da morte de Moisés, Josué liderou os israelitas, guiado por Deus. Eles chegaram a Jericó, mas as portas da cidade estavam fechadas, e seus habitantes não permitiram que eles entrassem. Então Deus disse a Josué:

– Todos os soldados israelitas devem dar uma volta ao redor da cidade durante seis dias. No sétimo dia, vocês darão sete voltas enquanto alguns homens tocam trombetas. Em seguida, o povo deve gritar bem alto, e os muros da cidade cairão.

Josué fez como Deus havia dito, e assim os israelitas venceram a cidade.

(Êxodo 37; Deuteronômio 31:1-8; Josué 6:1-21)

Sansão e Dalila

Com o tempo, os israelitas passaram a ser dominados pelos filisteus. Então, Deus escolheu Sansão para salvar seu povo.

Sansão se tornou um homem muito forte e sempre lutava contra os filisteus. Um dia, ele se apaixonou por uma mulher filisteia chamada Dalila. Os filisteus pediram que ela descobrisse de onde vinha a força de Sansão, e ela insistiu tanto que Sansão acabou lhe contando que sua força vinha de seus cabelos.

Depois de descobrir o segredo de Sansão, Dalila esperou que ele dormisse e chamou os guardas, que cortaram os longos cabelos dele e o prenderam. Sansão estava muito fraco para lutar contra os guardas, então eles o acorrentaram e o conduziram ao templo.

– Oh, Senhor, dê-me força mais uma vez – suplicou Sansão.

Deus o ouviu e, quando ele foi colocado entre dois pilares do templo, começou a empurrá-los, até que todo o templo caiu sobre os filisteus.

(Juízes 13:1-5; 16:4-30)

Rute e Noemi

Para tentar fugir dos tempos de seca e da fome, um casal, Elimeleque e Noemi, foi com sua família viver nos campos ao redor de Moabe. Depois de um tempo, Elimeleque e seus filhos morreram, deixando Noemi e suas duas noras sem ajuda para cultivar a terra. Noemi, então, falou com suas noras.

– Vou voltar para Belém, que é a cidade onde nasci. Vocês devem voltar para a casa de seus pais, tenho certeza de que se casarão novamente.

Elas não queriam ir embora, mas Noemi insistiu. Então Orfa, a mais velha das noras, despediu-se com tristeza da sogra e partiu. Mas Rute, a mais jovem, não quis abandonar Noemi.

– Aonde você for, eu irei – disse Rute, com firmeza.

Assim, as duas partiram juntas para Belém.

(Rute 1:1-18)

Quando chegaram a Belém, Rute prometeu a Noemi que cuidaria das duas. Assim, todo dia, ela ia aos campos e recolhia as espigas que os trabalhadores deixavam para trás. Boaz, um parente rico de Noemi que vivia em Belém, havia ouvido falar dos cuidados de Rute com sua sogra. Um dia, ele encontrou Rute no campo e disse:

– Todos falam de sua bondade. Você é estrangeira aqui, e sua família está longe, porém permaneceu para cuidar de Noemi. Sua alma é tão bonita quanto seu rosto.

Boaz disse-lhe que poderia ficar o tempo que quisesse em seus campos, e Rute agradeceu.

Algum tempo depois, para a alegria de Noemi, Boaz e Rute se casaram e tiveram um filho.

(Rute 1:19-22; 2-4)

Samuel

Durante muitos anos o profeta Samuel guiou os israelitas, conforme a Palavra de Deus. Quando ele envelheceu, os israelitas decidiram que precisavam de um rei que os governasse. Deus, entristecido, pediu a Samuel que os advertisse.

– Um rei escravizará vocês e seus filhos – disse Samuel. – Um dia rogarão a Deus que os salve do rei, porém Ele não os escutará.

Os israelitas não deram ouvidos a Samuel e elegeram Saul como rei. A princípio, Saul foi um governante muito sábio e Deus ajudou nas batalhas contra os filisteus. Mas, depois de um tempo, Saul tornou-se orgulhoso e arrogante e começou a se esquecer dos mandamentos de Deus.

Deus disse a Samuel que viajasse a Belém. Lá vivia Jessé, neto de Rute e Boaz. Deus havia escolhido Davi, o filho mais jovem de Jessé, para que fosse o novo rei dos israelitas.

(I Samuel 8-10; 15; 16:1-13)

Davi

Certa vez, o exército de Saul estava em uma batalha contra os filisteus. O maior soldado deles, Golias, era mais alto e mais forte que qualquer outro homem, e ninguém tinha coragem de enfrentá-lo.

Os irmãos de Davi estavam participando da batalha, e Davi foi até eles, a pedido do pai, para ver se estavam bem. Ao chegar lá, ele viu o gigante e resolveu enfrentá-lo, para ajudar o seu povo.

Todos se espantaram, porque Davi era apenas um rapaz. O jovem pegou algumas pedras do rio, uma funda e foi ao encontro de Golias.

– Aqui estou, Golias – disse. – Vou derrubá-lo em nome de Deus.

Golias desprezou o garoto. Rapidamente, Davi lançou uma pedra com sua funda e acertou a cabeça do gigante. Assim, Davi derrotou Golias.

(I Samuel 17:1-50)

O povo de Israel amava Davi, e isso irritou o rei Saul, que decidiu matá-lo. O rei disse a seu filho Jônatas o que pretendia fazer. Mas Jônatas amava Davi como a um irmão e o alertou:

– Sei que você reinará em meu lugar, porque Deus o elegeu. Mas meu pai tentará matá-lo. Você deve se esconder.

Quando Saul soube que Davi havia fugido, passou a persegui-lo. Uma noite, Davi entrou escondido no acampamento do rei e cortou um pedaço do manto dele. Quando Saul percebeu que Davi poderia tê-lo matado, sentiu-se envergonhado. Saul finalmente aceitou que Davi lhe sucedesse como rei e, depois da morte de Saul, Davi reinou durante quarenta anos. Ele governou bem e com prudência em Jerusalém, que desde então ficou conhecida como a Cidade de Davi.

(I Samuel 19; 24; II Samuel 5:1-12)

Salomão

O filho de Davi, Salomão, sucedeu-o como rei. E Deus lhe deu sabedoria para governar. Quando Salomão ainda era jovem, duas mulheres lhe pediram ajuda.

– Vossa Majestade – disse uma –, nossos filhos nasceram na mesma casa e no mesmo dia. Ela roubou meu bebê enquanto eu dormia e disse que meu filho morreu.

– Eu não fiz isso! – gritou a outra mulher. – Foi o seu bebê que morreu!

Salomão refletiu por um momento.

– Há apenas uma solução para este problema – disse. – Vou partir o menino em dois e cada uma de vocês terá uma metade.

Uma das mulheres concordou com Salomão. A outra exclamou horrorizada:

– Não, não o mate! Dê o menino a ela, mas não o mate! – suplicou.

Então Salomão deu o menino à segunda mulher, pois somente uma mãe preferiria entregar seu filho a vê-lo morto.

Logo todos em Israel souberam da fama de Salomão.

(I Reis 1:28-30; 3:16-28)

Diferente de outros soberanos, Salomão fez amizade com os reis das nações vizinhas, e em seu longo reinado não houve guerras. A fama de sua sabedoria estendeu-se por todas as partes.

Havia tanta paz e o povo estava tão contente que Salomão decidiu que deveriam construir um templo a Deus, como forma de agradecimento. O templo foi construído com pedras, madeira e metais preciosos, e Salomão guardou nele a Arca da Aliança.

Deus disse a Salomão:

– Se você ou seus filhos se esquecerem de mim ou desobedecerem às minhas leis, destruirei o templo.

Salomão governou durante quarenta anos. Depois de sua morte, acabou a paz. Houve muitas guerras, e Deus finalmente deixou que o templo fosse destruído.

A destruição do templo foi uma advertência para os israelitas, que mais uma vez haviam se esquecido dos mandamentos de Deus.

(I Reis 4:29-34; 5-8; 11:41-43; II Reis 25:1-9)

Ester

Depois da destruição de Jerusalém, muitos israelitas fugiram para outros países. Um deles, Mardoqueu, foi para a Pérsia e ali encontrou trabalho no palácio do rei.

Hamã, o primeiro-ministro do rei, era um homem vaidoso e exigia que os servidores se curvassem diante dele quando ele passava. Mardoqueu não se curvava e, por isso, Hamã tentou colocar o rei contra os israelitas.

– Há gente demais desse povo no reino, Vossa Majestade, temo que sejam perigosos – disse Hamã.

Na ausência do rei, Hamã planejou matar os israelitas. No entanto, ele não sabia que Ester, a esposa favorita do rei, também era israelita. E nem ele nem o rei sabiam que ela também era parente de Mardoqueu.

(Ester 2:5-7, 17-20; 3:2-14)

Um dia, Mardoqueu descobriu que planajevam matar o rei e foi logo contar o que sabia a Ester. Ela contou a seu esposo, e os dois responsáveis foram enforcados. O rei, então, perguntou a Hamã:

– O que devo fazer para recompensar um homem muito importante para mim?

Hamã pensou que o rei falava dele e disse:

– Vossa Majestade poderia dar-lhe suas roupas, seu cavalo e deixá-lo desfilar em praça pública.

– Pois assim faça com Mardoqueu – disse o rei.

Algum tempo depois, Ester explicou que o homem que havia salvado a vida do rei era um israelita, assim como ela. O rei enfureceu-se contra Hamã e mandou matá-lo. Em seguida, nomeou Mardoqueu seu ministro.

(Ester 2:21-23; 6-7)

Daniel

Daniel era um homem muito sábio e que amava muito a Deus. O rei Dário gostava muito dele. Porém, alguns governadores não gostavam de Daniel e sempre tentavam encontrar um motivo para acusá-lo. Então, eles pediram para que o rei assinasse um decreto que proibia as pessoas do reino de fazerem pedidos a qualquer um que não fosse o rei.

Mesmo com o decreto, Daniel continuou ora ndo a Deus. Então, ele foi levado até o rei, que teve que condená-lo. Assim, Daniel foi jogado na cova dos leões.

Na manhã seguinte, Dário correu à cova dos leões imaginando que encontraria Daniel morto. Para sua surpresa, Daniel não tinha nenhum arranhão, pois Deus havia enviado seu anjo para impedir que os leões o machucassem.

(Daniel 6:1-23)

Jonas

Certa vez, Deus falou com Jonas:

– O povo de Nínive está sendo mau. Vá até lá e fale sobre a minha Palavra para eles.

Mas Jonas tentou se esconder de Deus e pegou um barco para Társis. Durante a viagem, começou um terrível temporal. Os marinheiros clamaram aos seus deuses para que os ajudassem, mas nada aconteceu. Então Jonas lhes disse que estava fugindo das ordens de Deus, assim, ele foi jogado ao mar.

Quando Jonas caiu na água, a tempestade parou e o mar ficou calmo. Nesse momento, um enorme peixe engoliu Jonas. Durante três dias e três noites ele permaneceu no estômago do peixe. Jonas se arrependeu de ter fugido e orou a Deus. Quando o peixe se aproximou da praia, cuspiu Jonas sobre a areia.

Mais uma vez, Deus disse a Jonas que fosse a Nínive e pregasse ao povo de lá.

(Jonas 1-2; 3:1-2)

Jonas foi a Nínive e começou a pregar a Palavra de Deus. As pessoas daquele lugar ouviram as palavras de Jonas e se arrependeram, e logo a cidade inteira estava vivendo conforme os mandamentos de Deus.

Então, Jonas começou a queixar-se:

– Deus ama demais estes pecadores, eles não merecem Sua bondade.

Jonas saiu da cidade e foi para o deserto. Perto dele, Deus fez crescer uma árvore, e a sombra dela protegeu Jonas do sol. Porém, no dia seguinte, a árvore secou e morreu, e Jonas ficou muito triste.

Então, Deus lhe explicou:

– Jonas, eu sei como você ficaria feliz se a árvore revivesse. Agora imagine que a alma das pessoas de Nínive é como essa árvore. Quando você foi à cidade, elas tinham a alma seca e vazia. Agora ouvem minha Palavra e crescem fortes e sinceras. Se salvar uma pobre árvore é bom, imagine salvar a alma de muitos homens!

(Jonas 3:3-10; 4)

Novo Testamento

Um anjo visita Maria

Durante o reinado de Herodes, na cidade de Nazaré, região da Galileia, vivia uma jovem chamada Maria. Ela ia se casar com um carpinteiro chamado José. Certa manhã, um anjo apareceu a Maria.

– Não tema, Maria – disse. – O Senhor enviou-lhe uma mensagem. Ele a escolheu para ser a mãe do filho dele. Você dará à luz uma criança que se chamará Jesus. Ele será chamado Filho do Altíssimo, e seu reino não terá fim.

– Como isso é possível, se ainda não sou casada? – perguntou Maria.

E o anjo respondeu:

– O Espírito Santo descerá sobre você, e você dará à luz o filho de Deus.

Maria inclinou a cabeça.

– Sou serva do Senhor – respondeu. – Que tudo aconteça como Deus desejar.

(Lucas 1:26-38)

O nascimento de Jesus

Um dia, o imperador romano ordenou que todas as pessoas retornassem à sua cidade natal para uma contagem de habitantes. José havia nascido na cidade de Belém, então ele e Maria, que estava grávida, partiram para lá.

Ao chegarem a Belém, eles descobriram que todas as pousadas estavam cheias e tiveram que se abrigar em uma estrebaria. Ali, Maria deu à luz seu filho, que recebeu o nome de Jesus. Ela o enrolou em panos e o colocou em uma manjedoura.

Naquela noite, um anjo apareceu a um grupo de pastores que cuidavam de seus rebanhos no campo.

– Trago boas notícias. Nasceu hoje em Belém o Salvador, Cristo.

Então, vários anjos apareceram para louvar ao Senhor. Em seguida, os pastores foram até Belém e encontraram Maria, José e Jesus.

(Lucas 2:1-20)

Os magos do Oriente

Muito longe de Belém, no Oriente, três magos viram uma nova estrela no céu e compreenderam que ela indicava o nascimento de Jesus. Eles foram até Jerusalém e disseram ao rei Herodes:

– Estamos procurando o Menino que nasceu, o rei dos judeus. Viemos para adorá-lo.

– Quando encontrarem esse Menino, voltem e me contem onde ele está. Eu também quero adorá-lo – respondeu Herodes.

Quando os magos encontraram Jesus, ajoelharam-se diante dele e adoraram-no. Eles também presentearam o Menino com ouro, incenso e mirra.

Naquela noite, um anjo apareceu aos magos em sonho e os avisou para não regressarem ao rei Herodes. Assim, eles voltaram ao seu país sem passar por Jerusalém.

(Mateus 2:1-12)

Herodes, na verdade, havia mentido aos magos. Ele não tinha intenção de adorar Jesus, mas sim de matá-lo, pois não queria que ninguém fosse mais poderoso que ele.

Quando percebeu que os magos não iriam voltar, o rei enfureceu-se e ordenou aos seus soldados que fossem a Belém e matassem todos os meninos menores de 2 anos.

Logo, o anjo do Senhor apareceu a José em sonho e o alertou:

– O Menino corre perigo. Fuja com sua família para o Egito.

José pegou sua família e, na mesma noite, eles começaram uma longa viagem até o Egito.

Depois de alguns anos vivendo lá, eles souberam que Herodes havia morrido, então foram para a cidade de Nazaré.

(Mateus 2:13-23)

O Menino Jesus no templo

Todos os anos, José e Maria iam a Jerusalém para celebrar a festa da Páscoa. Quando Jesus estava com 12 anos, eles foram e, após a celebração, enquanto voltavam para casa acompanhados por um grande grupo de amigos e familiares, José e Maria perceberam que Jesus não estava com eles.

Os dois voltaram a Jerusalém e procuraram Jesus durante três dias, até que o encontraram no templo conversando com os sacerdotes e mestres. Jesus havia surpreendido a todos com seus conhecimentos e sua sabedoria.

– Estávamos preocupados, meu filho – disse Maria.

Ao ver José e Maria, Jesus falou:

– Não precisavam me procurar. Em que outro lugar eu poderia estar senão na casa de meu Pai?

(Lucas 2:41-49)

O batismo de Jesus

João era filho de Isabel, prima de Maria, e sempre falava sobre o profeta Isaías, que muitos anos antes havia profetizado que um Salvador seria enviado à Terra. Muitas pessoas iam até João para ouvi-lo pregar, para confessarem seus pecados e para serem batizadas no rio Jordão. Por isso, ele era conhecido como João Batista.

Ele sempre dizia às pessoas:

– Eu os batizo com água, mas alguém maior que eu irá batizá-los com o Espírito Santo.

Um dia, Jesus foi até João Batista e pediu-lhe que o batizasse. Quando Jesus saiu da água, o Espírito Santo desceu sobre Ele, e Deus falou dos céus:

– Este é meu filho amado.

(Mateus 3:1-17)

Os doze apóstolos

Jesus mudou-se para a Galileia para falar sobre a Palavra de Deus. Por onde ele passava, as multidões aglomeravam-se para ouvi-lo pregar.

– O reino de Deus está próximo – dizia. – É hora de se arrependerem de seus pecados.

Um dia, Jesus passou perto de dois pescadores que recolhiam suas redes do mar. Eram os irmãos Simão e André.

– Deixem suas redes e sigam-me – disse-lhes Jesus. – Eu os farei pescadores de homens.

Simão e André fizeram o que Jesus havia pedido e foram os seus primeiros discípulos. Mais discípulos uniram-se a eles em suas viagens e, um dia, Jesus juntou-os ao seu redor. De todos, ele elegeu doze, que foram seus apóstolos: Simão (conhecido como Pedro), seu irmão André, Tiago, filho de Zebedeu, seu irmão João, Filipe, Bartolomeu, Mateus, Tomé, Tiago, Tadeu, Simão e Judas Iscariotes.

(Mateus 4:12-25; 10:1-4; Lucas 6:12-16)

Transformando água em vinho

Jesus, sua mãe, Maria, e os apóstolos foram convidados para uma festa de casamento na cidade de Caná. No meio da festa, Maria viu que o vinho tinha acabado e avisou Jesus. Ele disse aos criados para encherem seis grandes jarros com água.

– Agora, encham um copo e levem-no ao encarregado da festa – disse.

Os criados fizeram o que Jesus havia dito. Quando o encarregado bebeu, foi falar com o anfitrião:

– Este vinho é excelente. A maioria das pessoas serve primeiro o melhor vinho e guarda o pior para quando os convidados já estão saciados. Mas você guardou o melhor vinho para o final.

Então Maria, os criados e os apóstolos perceberam que Jesus havia transformado a água em vinho. Esse foi o primeiro milagre de Jesus.

(João 2:1-11)

O sermão da montanha

A Palavra de Jesus espalhava-se por todos os lugares e, aonde quer que Ele fosse, grandes multidões se reuniam para ouvi-lo. Ele curava os doentes e levava consolo aos pobres e necessitados. Jesus falava do reino de Deus e de como as pessoas podiam alcançá-lo.

– Os que estão enfermos, famintos ou são pobres devem se alegrar, porque eles receberão sua recompensa no céu. Mas os ricos e os que guardam bens terrenos não entrarão no céu.

Jesus ensinava compaixão, humildade e obediência à Palavra de Deus. Todos os que o ouviam se maravilhavam com suas palavras, porque ninguém antes havia falado como Ele.

(Lucas 6:17-49)

A parábola do filho pródigo

Jesus contava várias parábolas para que as pessoas pudessem entender mais facilmente a Palavra de Deus. Um dia, contou a seguinte história:

"Um homem tinha dois filhos. O mais jovem pediu sua parte da herança, foi embora e a gastou. Quando ficou sem dinheiro e começou a passar necessidades, ele se arrependeu e decidiu voltar para casa. Foi com humildade até seu pai e pediu que ele o tratasse como um criado, pois não merecia ser chamado de filho. Mas seu pai organizou uma grande festa para celebrar sua volta. O filho mais velho ficou bravo, porque sempre havia trabalhado duro para seu pai e nunca tinha recebido um tratamento tão especial.

Então, o pai explicou ao mais velho:

– Filho, devemos nos alegrar, porque seu irmão estava perdido e foi encontrado, estava morto e reviveu."

(Lucas 15:11-32)

Os trabalhadores da vinha

Jesus explicava que aqueles que buscam apenas as riquezas terrenas não obterão recompensa no céu. Então, Ele contou uma parábola:

"Um homem contratou pessoas para trabalhar em sua vinha e prometeu pagar-lhes um salário. No final do dia, ele viu outros homens sem trabalho e enviou-os também para sua vinha. Quando o trabalho terminou, ele pagou os trabalhadores que tinham chegado por último dando um salário a cada um. Os que tinham trabalhado desde cedo esperavam ganhar mais dinheiro, mas quando receberam a mesma quantia que os outros, reclamaram, pois tinham trabalhado mais. O homem disse que eles haviam aceitado ganhar aquilo, e não podiam reclamar por ele querer tratar todos da mesma maneira."

Jesus explicou que ninguém recebe menos que o prometido e todos recebem mais do que merecem.

(Mateus 19:23-30; 20:1-16)

O bom samaritano

Um dia, enquanto Jesus pregava, um doutor da lei disse:

– A lei diz que devemos amar nosso próximo como a nós mesmos, mas quem é meu próximo?

Jesus respondeu:

– Um homem estava a caminho de Jericó quando ladrões o atacaram e o deixaram ferido na estrada. Um sacerdote e um levita passaram pelo homem, mas não o ajudaram. Em seguida, passou um samaritano, considerado um estrangeiro. Ele ajudou o homem, tratou suas feridas e levou-o a uma pousada para que se recuperasse. No outro dia, o samaritano teve que seguir viagem, mas deu dinheiro ao dono da hospedagem para que cuidasse do ferido.

Ao fim dessa parábola, Jesus perguntou ao doutor da lei:

– Qual desses homens era um verdadeiro próximo?

– O homem que ajudou o ferido – respondeu ele.

– Vê? Pois vá e faça o mesmo – disse Jesus.

(Lucas 10:25-37)

A parábola do semeador

Quando uma grande multidão se reuniu, Jesus disse:

– Um semeador saiu para espalhar suas sementes. Algumas caíram no caminho, e as aves comeram. Outras sementes caíram em um solo cheio de pedras, e, quando nasceram, as plantas secaram sobre o solo seco. Outras caíram entre espinhos, que cresceram e mataram as plantas. Outras, porém, caíram em terra boa e cresceram fortes e abundantes.

Quando os discípulos perguntaram a Jesus o que significava essa parábola, ele explicou:

– As sementes que caem no caminho são como aqueles que ouvem a Palavra de Deus, porém não creem. As que caem sobre as pedras são como os que ouvem a Palavra, porém não perseveram na fé. E as que caem entre os espinhos representam os que se deixam distrair pelas ocupações terrenas. As sementes que caem em terra boa representam os que guardam a Palavra de Deus em um coração bom e honesto, perseverando em sua fé e dando o fruto da obediência.

(Lucas 8:4-15)

Jesus cura os enfermos

Um dia, alguns homens levaram um amigo paralítico em uma maca para ver Jesus. Mas a multidão que rodeava Jesus era tão grande que os homens que carregavam o doente tiveram que subir até o telhado e, pelo teto, desceram o amigo até onde estava Jesus.

Quando Ele viu a fé do paralítico, falou:

– Homem, seus pecados estão perdoados. Pegue sua maca e vá para casa.

Para espanto de todos, o homem se levantou e saiu andando e louvando a Deus.

Outro dia, um centurião romano foi até Jesus e disse que seu criado estava morrendo.

– Vou até onde ele está – disse Jesus.

– Não peço que vá à minha casa, porque não sou digno disso. Mas se disser apenas uma palavra, meu criado será curado.

– Nunca vi fé igual – disse Jesus. – Seu criado viverá.

Nesse mesmo instante, o criado ficou curado.

(Lucas 5:17-26; Mateus 8:5-13)

Jesus caminha sobre as águas

Um dia, Jesus estava ensinando a Palavra de Deus para uma grande multidão. Como estava prestes a anoitecer, os discípulos disseram a Jesus que mandasse as pessoas embora.

– Logo terão fome, e não teremos nada para lhes oferecer.

Jesus pegou cinco pães e dois peixes, abençoou-os e repartiu-os entre os apóstolos.

– Deem este alimento à multidão.

Eles fizeram o que Jesus ordenou. Todos comeram e se saciaram. Em seguida, Jesus retirou-se para orar sozinho. Os apóstolos entraram em um barco no mar, e logo um forte vento começou a soprar. Então eles viram Jesus caminhando sobre as águas e se assustaram.

– Venha até mim, Pedro – disse Jesus.

Quando Pedro saiu do barco e ficou de pé sobre a água, um vento soprou, ele ficou com medo e começou a afundar.

Jesus ajudou Pedro a voltar para o barco e disse:

– Pedro, por que você duvidou?

(Mateus 14:13-31)

A transfiguração

Jesus foi até o alto de um monte com três de seus apóstolos, Pedro, Tiago e João.

Ali, Jesus transfigurou-se. Seu rosto ficou tão brilhante como o Sol, e suas vestes ficaram tão brancas que cegavam.

Os profetas Moisés e Elias apareceram atrás dele, banhados da mesma luz. Uma nuvem radiante desceu ao redor deles, e os apóstolos ouviram a voz de Deus:

– Este é meu filho amado, escutem-no.

Cheios de temor, os apóstolos ajoelharam-se. Jesus aproximou-se deles e disse para não terem medo.

– Agora vocês devem regressar. Mas não digam a ninguém o que viram aqui até que o Filho do Homem seja ressuscitado.

Confusos por suas últimas palavras, os apóstolos deixaram Jesus.

(Mateus 17:1-9)

Jesus e as crianças

Aonde quer que Jesus fosse, muitas pessoas o acompanhavam e queriam ficar perto dele. Elas também levavam as crianças, para que Ele as tocasse. Os apóstolos, pensando que as crianças estavam atrapalhando Jesus, tentaram tirá-las dali, mas Jesus deteve-os.

– Deixem que as crianças venham a mim, porque delas é o reino dos céus.

Então, Jesus apontou para o menino que estava a seus pés e falou:

– Observem as crianças e sejam como elas. Somente com a fé e a inocência de uma criança vocês entrarão no reino de Deus.

Jesus pegou o menino nos braços e o abençoou.

(Marcos 10:13-16)

SHHH

Lázaro

Lázaro, amigo de Jesus, estava muito doente, à beira da morte. Suas irmãs, Maria e Marta, mandaram avisar Jesus. Mas quando Ele chegou à casa delas, Lázaro já tinha morrido.

– Senhor, se estivesse com ele quando estava enfermo, ele não teria morrido – elas lamentaram e levaram Jesus até a tumba onde estava o corpo de Lázaro.

– Tirem a pedra que cobre a entrada – disse Jesus.

Espantadas, elas fizeram o que Ele pediu. Jesus olhou para o céu:

– Pai, sei que sempre ouve minhas preces. Agora, permita que todos vejam que cumpro seu desejo.

De pé, em frente à tumba, Jesus gritou:

– Lázaro, venha para fora!

Com alegria e grande espanto, todos observaram Lázaro sair da tumba.

(João 11:1-45)

Jesus entra em Jerusalém

Jesus seguia para Jerusalém com seus discípulos. Quando estavam perto do monte das Oliveiras, Ele pediu a dois discípulos que trouxessem um jumentinho que estava preso. Eles fizeram o que foi pedido, e Jesus montou no jumentinho. Quando o viram, as pessoas colocaram ramos de árvores no caminho e louvaram ao Senhor:

– Bendito aquele que vem em nome de Deus!

Assim, Jesus entrou em Jerusalém. Porém, as pessoas poderosas não gostavam de Jesus, pois achavam que Ele era uma ameaça ao poder de Roma, então tentaram incriminá-lo fazendo-lhe perguntas e esperando que Ele desse uma resposta errada, para que fosse entregue às autoridades e preso. Mas Jesus respondeu tudo sabiamente, e ninguém ousou perguntar-lhe mais nada.

(Marcos 11:1-11; Lucas 20:1-40)

A última ceia

Jesus sabia que seria traído e morreria em Jerusalém. Assim, avisou aos seus discípulos que aquela seria a última Páscoa que passariam juntos.

No primeiro dia da comemoração, Jesus e os discípulos reuniram-se ao redor da mesa preparada para a ceia, e então Jesus anunciou:

– Um de vocês vai me trair.

Ele pegou o pão, partiu-o e deu a seus discípulos dizendo:

– Este é o meu corpo. Ofereço-o como sacrifício por toda a humanidade. Comam-no em minha memória.

Depois, Ele pegou o cálice e disse:

– Este é o meu sangue, derramado por vocês e por todos os homens. Bebam-no em minha memória.

(Mateus 20:17-19; 26:17-30)

A traição

Jesus sabia que um de seus amigos mais próximos iria traí-lo. Judas Iscariotes foi tentado e aceitou entregar Jesus em troca de 30 moedas de prata.

Depois da última ceia, Jesus foi com os discípulos ao monte Getsêmani para orar. Pouco tempo depois, Judas chegou acompanhado por soldados.

– O homem que eu beijar será aquele que devem prender – Judas falou.

Então, ele se aproximou de Jesus e beijou-o. Logo em seguida, os soldados foram até Jesus e o prenderam. Os demais apóstolos queriam lutar para que Jesus fosse solto, mas Ele não permitiu:

– É necessário que as coisas aconteçam de acordo com o que diziam as escrituras dos profetas.

Assim, os discípulos fugiram. Quando Judas percebeu a crueldade de sua traição, enfureceu-se e jogou no chão as 30 moedas de prata.

(Mateus 26:14-16, 36-56; 27:3-10)

Jesus perante Pilatos

Jesus foi levado a um conselho de sacerdotes. Ali, eles questionaram duramente seus ensinamentos e perguntaram se ele era o filho de Deus.

– É você quem diz isso – respondeu Jesus.

Os sacerdotes acusaram Jesus de blasfêmia e entregaram-no a Pôncio Pilatos, o governador romano. Pilatos perguntou a Jesus se Ele era o rei dos judeus. De novo, Jesus respondeu:

– Você está afirmando isso.

Os sacerdotes exigiram que Jesus fosse condenado à morte, mas Pilatos não via razão para tanto.

Naquele tempo, era costume soltar um preso durante a festa da Páscoa. Os únicos presos eram Jesus e um criminoso chamado Barrabás. Quando Pilatos perguntou qual deles devia soltar, a multidão escolheu Barrabás.

Pilatos tentou argumentar com a multidão, mas eles pediram a morte de Jesus com tanta veemência que Pilatos não teve escolha. Jesus, então, foi levado para ser crucificado.

(Mateus 26:57-68; 27:11-26)

Carregando a cruz

Os soldados levaram Jesus do palácio do governador. Ele sofreu muitos castigos físicos, e sobre sua cabeça colocaram uma coroa de espinhos.

– Salve o rei dos judeus! – zombavam dele.

Eles trouxeram a cruz, e Jesus foi obrigado a levá-la sobre os ombros pelas ruas.

No caminho, os soldados forçaram um homem chamado Simão, de Cirene, a ajudar Jesus a carregar a cruz de madeira.

Uma grande multidão seguiu Jesus, e muitos choravam por ele.

– Não chorem por mim – disse Ele. – Chorem por vocês e por seus filhos, porque há muito sofrimento entre vocês.

(Mateus 27:27-31; Lucas 23:26-31)

A crucificação

Em Gólgota, os soldados crucificaram Jesus e colocaram sobre sua cabeça a inscrição INRI, que quer dizer "Jesus de Nazaré, rei dos judeus". Foram crucificados também dois ladrões, um de cada lado de Jesus.

As pessoas que assistiam zombavam dele, dizendo:

– Você nem sequer pode salvar a si mesmo.

Nesse momento, uma grande escuridão atingiu toda a terra. Então Jesus clamou:

– Pai, por que o Senhor me abandonou?

A multidão ficou observando em silêncio e, mais uma vez, Jesus chamou pelo nome de Deus. Depois disso, Jesus morreu. No mesmo instante, a terra tremeu e o véu do templo rasgou-se em duas partes. Os seguidores de Jesus tiraram-no da cruz e puseram-no numa tumba.

(Mateus 27:33-60)

A ressurreição

Passados três dias, algumas mulheres foram à tumba de Jesus. Ao chegarem lá, elas encontraram a tumba aberta e viram um anjo ao lado da sepultura.

– Não tenham medo. Jesus ressuscitou, e não está mais aqui. Vão e contem a novidade aos discípulos.

Elas saíram de lá espantadas e não disseram nada a ninguém.

Então, Maria Madalena viu Jesus. Ela correu para contar aos discípulos, mas eles não acreditaram nela.

(Marcos 16:1-11)

A aparição

Mais tarde, Jesus apareceu a dois discípulos que estavam a caminho de Emaús, porém eles não o reconheceram. Jesus os acompanhou na viagem e mais tarde, quando sentaram para comer, os dois apóstolos reconheceram Jesus. Então, Ele desapareceu diante deles.

Os dois foram até os outros discípulos para contar-lhes o que havia acontecido.

– O Senhor ressuscitou!

Nesse instante, Jesus apareceu aos apóstolos e disse:

– Que a paz esteja com vocês!

Os apóstolos não acreditavam que Ele havia ressuscitado e estavam assustados, pensando que se tratava de um fantasma.

– Toquem-me – disse Jesus. – Vejam as feridas em minhas mãos e em meus pés.

Os apóstolos ficaram maravilhados.

– Era preciso que se cumprisse o que estava escrito nas Escrituras – disse Jesus.

(Lucas 24:13-40)

A ascensão

Jesus disse aos discípulos que tudo o que aconteceu estava profetizado.

– Vocês devem sair e pregar a Palavra de Deus a todas as nações. Ensinem à humanidade tudo o que viram e aprenderam enquanto estive com vocês.

Então, Jesus levou os discípulos até a cidade de Betânia e os abençoou. Em seguida, Ele subiu ao céu.

Os discípulos o adoraram. E, assim como Jesus havia dito, o Espírito Santo desceu sobre os apóstolos e deu-lhes força e sabedoria para sair e pregar a Palavra de Deus.

Por onde eles viajaram, muitos ouviram, muitos creram e muitos se salvaram, assim como Jesus havia profetizado.

(Lucas 24:44-53)